LE MARÉCHAL DAVOUT

DUC D'AUERSTÆDT, PRINCE D'ECKMUHL

PAR

Léon HENNET

Et quæ sit poteris cognoscere virtus.
Virgile, Bucol., IV.

PARIS
LIBRAIRIE MILITAIRE DE L. BAUDOIN ET Cⁱᵉ
LIBRAIRES-ÉDITEURS
30, Rue et Passage Dauphine, 30
—
1885
Tous droits réservés

LE MARÉCHAL DAVOUT

DUC D'AUERSTÆDT, PRINCE D'ECKMUHL

LIBRAIRIE MILITAIRE L. BAUDOIN ET Cie

OUVRAGES DU MÊME AUTEUR :

Les Drapeaux français, leurs gardes et leurs légendes; 1 vol. in-8. 1880.

L'ancien Drapeau de la France; broch. in-8. 1882.

Les Milices provinciales; broch. in-8. 1882.

Les Milices et les Troupes provinciales; 1 vol. in-8 de 350 p. 1884.

Les Compagnies de cadets-gentilshommes et les Écoles militaires (en cours de publication dans le *Journal des Sciences militaires*).

Paris. — Imprimerie L. Baudoin et C°, rue Christine, 2.

LE MARÉCHAL DAVOUT

DUC D'AUERSTÆDT, PRINCE D'ECKMUHL

PAR

Léon HENNET

Et quæ sit poteris cognoscere virtus.
Virgile, *Bucol.*, iv.

PARIS
LIBRAIRIE MILITAIRE DE L. BAUDOIN ET Cⁱᵉ
LIBRAIRES-ÉDITEURS
30, Rue et Passage Dauphine, 30
—
1885
Tous droits réservés.

LE MARÉCHAL DAVOUT,

DUC D'AUERSTÆDT, PRINCE D'ECKMUHL.

L'histoire — celle que l'on apprend dans les écoles — est faite de lieux communs. Les personnages historiques y sont peints d'après le même procédé. Ainsi, elle nous apprend que Louvois n'était qu'un vulgaire ambitieux, ne craignant pas de déchaîner les fléaux de la guerre sur la France afin de conserver son ascendant sur l'esprit de Louis XIV. Au contraire, lorsqu'on étudie sur les documents authentiques le fils de Michel Le Tellier, il nous apparaît tout autre. C'est un des plus grands ministres de la guerre qui ait existé. Administrateur aussi habile que sévère, il organise l'armée, réprime les abus, fait rendre des ordonnances encore fondamentales dans l'armée.

Il en est de même du maréchal Davout.

Le maréchal passe pour avoir été cruel, jaloux, brutal, avare, envieux, « bête » même ; enfin, on lui attribue tous les défauts ; toutes les qualités lui sont déniées. Au contraire, il était complètement bon pour les siens, pour sa « famille militaire », pour ses serviteurs, pour tous ceux qui l'entouraient. Il était si peu jaloux qu'il recommande sans cesse à la maréchale de se montrer davantage, d'aller habiter Paris pour se distraire et de ne plus s'enterrer à la campagne. Sa courtoisie — courtoisie qui ne se démentit jamais, même vis-à-vis de ses plus cruels ennemis — contraste avec la brutalité qu'on lui prête. Il fit — de sa bourse — donner aux soldats du camp de Bruges, en 1803, pour 30,000 francs de chaussons et de sabots ; il paya 80,000 francs de dettes laissées par son beau-frère, le général Leclerc, et le maréchal Davout, ce prétendu avare, disait : « L'avarice est la passion des corps faibles et des petites âmes. » S'il était envieux, il dissimulait singulièrement cette mauvaise passion, car toujours on le voit se féliciter des succès de ses compagnons d'armes, alors qu'il tait les siens.

Quant à sa « bêtise », il est inutile de défendre le prince d'Eckmühl contre cette accusation lancée par Bourrienne dans ses *Mémoires*. On sait que la haine de ce dernier contre l'Empereur et contre les hommes de l'Empire est le fruit de l'ambition déçue.

Mme la marquise de Blocqueville, fille du maréchal Davout, a fait paraître, il y a quelques années, plusieurs volumes de la correspondance intime de son père[1]. Cette correspondance est précieuse pour juger le maréchal ; il se peint lui-même dans ces lettres, adressées à sa famille et qui n'étaient pas destinées à la publicité. M. Émile Montégut l'a condensée en un volume des plus intéressants[2], dont on ne saurait trop recommander la lecture dans l'armée. En effet, s'il est une grande figure militaire à donner en exemple au soldat, un homme qui reste le même en toutes circonstances, c'est-à-dire toujours droit et esclave du devoir, c'est le maréchal Davout.

Enfin, M. de Mazade, de l'Académie française, vient de publier la correspondance militaire, politique et administrative du vainqueur d'Auerstædt[3]. Elle embrasse la période de 1801 à 1815, années durant lesquelles Davout exerça de grands commandements. Mme de Blocqueville avait révélé l'homme ; il restait à montrer ce que fut le général et l'administrateur. Nul mieux que M. de Mazade ne pouvait se charger de ce soin.

Cette correspondance est un véritable monument historique. Précieuse déjà par les documents qu'elle renferme, elle l'est aussi par les notes dont M. de Mazade l'a enrichie, notes qui elles-mêmes sont des documents extraits de la *Correspondance de Napoléon Ier* ; elle l'est encore par l'introduction générale qui ouvre l'ouvrage, par les introductions placées en tête des divi-

---

[1] *Le maréchal Davout, prince d'Eckmühl, raconté par les siens et par lui-même.* — Paris, Didier, 1879-1880.

[2] *Le maréchal Davout, son caractère et son génie*, par Emile MONTÉGUT. — Paris, Quantin, 1882.

[3] *Correspondance du maréchal Davout, prince d'Eckmühl ; ses commandements, son ministère (1801-1815)*, avec introduction et notes, par Ch. DE MAZADE, de l'Académie française. — Paris, Plon, Nourrit et Co, 4 vol. in-8°, 1885.

sions de la correspondance. Dans l'introduction générale, l'auteur étudie la carrière du maréchal Davout, esquisse largement la grande époque historique qui commence avec l'aurore de 1789 et finit dans les orages de 1814 et de 1815.

A notre tour nous allons essayer, grâce à ces documents et à ceux que nous avons recueillis, de peindre l'homme, de retracer sa carrière, de faire connaître quel serviteur la France posséda dans le maréchal Davout. Ces regards jetés sur le passé peuvent être consolants. La France a été grande, elle eut des grands hommes. Pourquoi ne serait-elle plus grande? Pourquoi les grands hommes ne sortiraient-ils plus de ses entrailles? Puis, si nos adversaires célèbrent Sedan, nous pouvons sans jactance leur rappeler Auerstædt et Iéna. Sedan a renversé l'empire et l'empereur, une forme de gouvernement; Auerstædt et Iéna ont abattu la Prusse, une nation; Berlin a dû subir pendant sept ans un gouverneur français.

I.

Louis-Nicolas d'Avout[1], fils d'un lieutenant au régiment de cavalerie Royal-Champagne, naquit à Annoux (Yonne), le 10 mai 1770. Il fit ses études à l'école militaire d'Auxerre, et fut admis, le 29 septembre 1785, dans la compagnie de cadets-gentilshommes établie à l'hôtel de l'École militaire de Paris, où il connut Bonaparte. Ces places gratuites de cadets étaient données aux élèves des écoles militaires[2] qui se faisaient le plus remarquer par leur conduite et leur travail.

Davout reçut à Auxerre une éducation soignée et une solide instruction; à Paris, il compléta ses études au point de vue militaire. Il avait un grand amour pour le travail et un goût prononcé pour les saines et fortes lectures : Montaigne, Plutarque, Polybe. Après avoir été les auteurs favoris du jeune officier,

---

[1] Du vivant du maréchal, on écrivait *Davoust*. L'erreur provient d'un acte délivré le 26 janvier 1785 par le curé d'Annoux, et produit par le maréchal lors de son entrée au service ; il s'ensuivit que le vainqueur d'Auerstædt fut et resta inscrit sur les contrôles de l'armée sous le nom de *Davoust*. Il signait *Davout*.
La véritable orthographe est *d'Avout*.

[2] Les écoles militaires étaient établies à Sorèze, Tiron, Rebais, Beaumont, Pontlevoy, Brienne, Vendôme, Effiat, Tournon, Pont-à-Mousson et Auxerre.

leurs œuvres étaient restées chères au général en chef. Il se plaisait aussi à la lecture de l'histoire, et consignait sur le papier les remarques que lui suggéraient les principaux événements ou les diverses politiques suivies par les hommes d'État.

L'éducation adoucit les formes mais ne crée pas un caractère. Le caractère du maréchal Davout était trop beau pour être seulement le résultat de l'éducation; c'était une nature richement douée. Davout avait « le cœur chaud pour aimer ». Il écrit à sa mère comme le plus tendre et le plus respectueux des fils; à son frère, comme le plus affectionné des frères. Les lettres adressées à la maréchale sont charmantes, pleines d'amour et de tendresse, bien que quelquefois un peu sévères, mais d'une sévérité tempérée par de douces paroles.

Sa sévérité était voulue. « J'ai été sévère, il est vrai, mais d'une sévérité de paroles qu'il entrait dans mon système d'affecter dans tous les pays où j'ai commandé, et dont j'ai laissé croître le bruit, bien loin de chercher à le détruire, pour m'épargner la pénible obligation de faire des exemples[1]. »

Davout avait une grande tendresse de cœur; mais avant son affection pour les siens passaient les devoirs. Il se refusa à seconder le désir que sa mère manifesta de voir donner à son deuxième fils, Alexandre Davout, les étoiles d'officier général, parce que ce dernier ne les méritait pas. « Lorsque vous m'exprimerez de pareilles idées, vous m'affligerez, en me mettant dans la nécessité de ne pas les seconder et de les improuver. » Par contre, lorsqu'il s'agit de marier ce même frère, le maréchal lui donne 100,000 francs de dot et dédommage son autre frère, Charles, et sa sœur, la comtesse de Beaumont, pour qu'Alexandre Davout pût jouir seul des biens patrimoniaux.

Ce beau trait de chef de famille n'empêcha pas le maréchal d'être accusé, à la mort de son frère arrivée en 1820, de laisser sa belle-sœur « dans un état voisin de la nécessité ». Cette accusation fut portée dans le *Moniteur universel*, du vivant même du maréchal. Aussi M. Latache de Neuvilette, père de la baronne Alexandre Davout, crut de son honneur de demander une réparation aussi publique que l'avait été l'injure, et rétablit les faits dans une lettre insérée au *Moniteur* du 27 septembre 1820.

---

[1] Mémoire de M. le maréchal Davout, prince d'Eckmühl au roi; 1814.

Ceux qui le touchaient ou l'avaient approché se ressentaient du cœur affectueux du maréchal. La réception respectueuse et cordiale qu'il fit, en 1805, à dom La Porte, son ancien principal au collège d'Auxerre, est restée célèbre dans la ville. D'un autre côté, le maréchal apprend que le fameux écuyer qui lui avait enseigné l'équitation à l'École de Paris était dans la plus grande misère. A deux reprises il lui vient en aide généreusement, et pour lui éviter une humiliation, Davout prévint la maréchale que la somme serait touchée par une tierce personne, et il ajoute : « Que cet acte de bienfaisance, ma bonne amie, ne soit qu'entre nous deux. »

Il était « bien agréable » au maréchal d'apprendre que Mme Davout suivait l'exemple qu'il lui donnait en rendant service, et il la remerciait de faire tomber plus particulièrement ses bienfaits sur les parents des conscrits. « C'est ainsi, ajoutait-il, que doit agir la femme d'un chef militaire. »

On retrouve là difficilement l'homme que certains historiens nous représentent comme cruel. C'est qu'il y avait chez le vainqueur d'Auerstædt deux hommes : l'homme privé et le général en chef. Le premier était bon, affectueux, aimant à rendre service ; mais quand il s'agissait de ses obligations militaires, le général en chef devenait inflexible. Chez lui, la question du devoir primait tout ; il était sévère, parce qu'il considérait qu'il devait « par état étouffer la pitié ».

C'est ce qui lui faisait dire : « Je ne regrette pas ces marques de haine qu'ils (les Autrichiens) m'ont données dans le pays. Je mets du prix à inspirer ces sentiments aux ennemis de mon souverain et de l'État. »

Le maréchal Davout était d'une probité rare. Le captif de Sainte-Hélène n'eût pu dire de lui, comme il l'a dit d'un autre maréchal, que c'était « un déprédateur intrépide ». Quelqu'un faisant un jour à l'Empereur l'énumération des splendides dotations octroyées au maréchal Davout par la munificence impériale : « Il faut bien lui donner à celui-là, répondit Napoléon, puisqu'il ne prend rien. » Jamais Davout ne voulut se mêler des marchés de fournitures, qui servirent à édifier tant de grandes fortunes de l'époque. Il refusa les splendides présents qu'une ville d'Allemagne, où il entrait en vainqueur, vint lui offrir ; les deux millions qui lui furent remis lors de son entrée à Berlin, il les distribua aux hôpitaux ; il ne levait, du reste, de contributions sur les pays conquis que dans le cas de force majeure et pendant le cours des hostilités, « ces usages, que la guerre peut légitimer, ne se tolérant pas dans un état de paix. »

Il voulait bien recevoir, mais hésitait à demander. Pendant dix ans, il promet à la maréchale de parler à l'Empereur pour obtenir l'argent nécessaire à l'acquisition de l'hôtel obligatoire ; pendant dix ans, « il manque de fermeté pour traiter ce chapitre, ne pouvant se faire à l'idée que l'Empereur pût supposer qu'il y eût dans son dévouement un intérêt particulier. » Il en était ainsi pour des faveurs d'un tout autre ordre ; par exemple, pour obtenir un congé de quelques jours qui lui permît d'assister aux couches de la maréchale. « Ma timidité ne provient que d'un dévouement qui me donne toujours la crainte de demander la moindre chose. Au surplus, ajoutait-il, le Premier Consul sait que je n'ai pas cette timidité vis-à-vis de ses ennemis. »

« Il faut attendre, désirer même, mais toujours avec patience, les bienfaits de notre souverain, et ne jamais murmurer lorsqu'ils n'arrivent pas aussitôt qu'on les souhaite. Il y a toujours autant de bonheur au moins que de justice lorsqu'on en est l'objet ; car si votre amour-propre vous dit que vous les avez autant mérités que tel ou tel, la justice dit que mille autres les ont mérités au moins autant que vous, et ces mille autres cependant seront oubliés, parce que la Fortune n'aura pas fait connaître leurs services. »

Avec de tels sentiments, la reconnaissance pour les bienfaits reçus est facile à porter. Le maréchal Davout était profondément reconnaissant à l'Empereur de tout ce qu'il avait fait pour lui ; car « ce qu'il détestait le plus, c'était l'ingratitude. » Sa reconnaissance perce dans toutes ses lettres et lui suggéra ces paroles : « Nous sommes comblés des bienfaits et des faveurs de l'Empereur ; donc, par reconnaissance, il faut faire ce qu'il désire, et il faut le faire avec une telle grâce que jamais il ne puisse se douter combien cela nous contrarie... Il y aurait de l'égoïsme à refuser une charge parce qu'elle entraîne des assujettissements, lorsque l'on tient de la même personne d'autres places éminentes et lucratives. » Et pourtant, au moment où Davout écrivait ces lignes, il n'avait reçu que le bâton de maréchal ; il n'était encore ni titré ni doté.

« Le maréchal Davout, a dit Thiers, était loyal avec lui-même autant qu'avec les autres. Il savait, au besoin, reconnaître qu'il s'était trompé. Il était vrai avec les autres et vrai avec lui-même. » C'était la conséquence de son amour du devoir et surtout du sentiment bien compris de l'honneur. L'amour du devoir et un soin jaloux de conserver sans tache son honneur et celui des siens, furent les deux règles de conduite du maréchal; il les suivit dans tous les actes de sa vie. « Lorsque la raison parle, je dois sacrifier mon amour-propre. » Dans sa correspondance privée, *devoir* est synonyme d'*honneur*. Il mettait tout après ces deux grands sentiments.

Jamais une plainte ne sortit de sa bouche, si une faveur sollicitée, si minime fût-elle, ne lui était point accordée; toujours il exécutait les ordres reçus, quels qu'ils fussent; « le devoir, dans l'état militaire, est la plus stricte résignation. » Il sacrifiait aussi sa santé à l'accomplissement du devoir. A son retour d'Égypte, où il avait commandé la cavalerie, Davout fit part au ministre de la guerre de son arrivée à Toulon; il ajoutait : « J'espère que cette seconde quarantaine que l'on nous fait faire achèvera de me rétablir; mais, dans tous les cas, si le gouvernement m'emploie, je ne consulterai pas mes forces, mais mon zèle et mon devoir, et je m'empresserai de me rendre à la destination que vous me donnerez. »

Cet accomplissement rigoureux du devoir qu'il s'imposait, il le demandait à tous dans son armée, depuis le général jusqu'au simple soldat. N'ayant rien à se reprocher, il ne pardonnait que les fautes qui étaient excusables; il les pardonnait surtout quand elles étaient commises par de jeunes officiers. Il excusait un moment de faiblesse, mais il imposait d'en racheter glorieusement l'oubli. Du reste, sitôt le reproche fait, la cause en était oubliée : « Une chose m'affecte, je le laisse voir, et n'y pense plus. »

« Il faut attaquer les abus dès leur origine, » disait-il. Sa sévérité était le corollaire de cet axiome. Mais il ne condamnait jamais que sur des preuves acquises par lui-même. « Je connais trop les hommes pour les juger sur les rapports des autres, souvent dictés par l'erreur et même par de petites passions. » S'il punissait sévèrement un coupable, celui dont la conduite était louable ne manquait pas d'être dignement récompensé. Grades, décorations, titres, dotations, honneurs, tout ce qu'il demandait, il s'attachait à l'obtenir ; il eût même « brisé son bâton de maréchal » pour réparer un déni de justice, pourvu que celui-ci fût commis envers un autre que lui-même ; ce qui le touchait personnellement l'intéressait peu. Il n'appréciait les faveurs à lui octroyées que par l'éclat qui en rejaillissait sur les siens ; la fortune, que parce qu'elle permettait à sa famille de vivre à l'abri du souci du lendemain.

Son cœur était fermé à la jalousie. Il s'applaudissait des succès des autres ; pour les siens, « il ne s'en réjouissait, quelque gloire qu'ils lui donnassent, que parce qu'ils avaient été utiles à son souverain. » Il méprisait la jalousie, ce ferment de discorde, qui fut si funeste à l'Empereur ; la jalousie si commune alors qu'elle ne fut peut-être jamais, entre courtisans du même astre, poussée si loin ; qui fit commettre tant de fautes en 1813 et en 1814, et déchaîna les fléaux de la guerre sur le sol sacré de la patrie. Davout savait, du reste, juger la jalousie et craignait ses conséquences : « Ceux qui sont jaloux du bonheur des autres, écrivait-il à la maréchale, sont des êtres bien malheureux, et les trois quarts des sottises qu'ils font dans leur vie sont inspirées par cette terrible passion. »

Voilà l'explication des succès continuels du prince d'Eckmühl, le héros invaincu de la grande épopée. Il eût mieux mérité que Masséna le surnom glorieux d'*Enfant chéri de la Victoire*. Le maréchal Davout savait combien la Fortune est une puissante alliée dans les choses de la guerre, mais il avait l'esprit de la mettre de son côté en maintenant une rigoureuse discipline parmi ses troupes, en veillant à soutenir le moral du soldat épuisé par les combats incessants ou les marches pénibles ; en un mot, il laissait peu au hasard, pénétré de cette maxime de Végèce : « *Qui secundos optat eventus, dimicet arte non casu.* » Aussi les étapes qu'il parcourt sur le chemin de la renommée sont-elles toujours marquées par la victoire : Auerstædt, Eylau, Eckmühl, Mohilow, Hambourg.

Les ordres qu'il donnait étaient précis, entrant dans les détails et ne laissant aucune prise à l'hésitation. Dans sa correspondance avec les officiers généraux placés sous ses ordres, outre les instructions nécessaires à l'exécution des plans conçus par le général en chef, il leur donne d'excellents conseils généraux sur les reconnaissances, l'interrogatoire des déserteurs et des voyageurs, « pour avoir une connaissance exacte de la position et du mouvement des troupes étrangères qu'on a devant soi, etc. » Ces conseils, comme les ordres, il les donne avec une courtoisie parfaite. Aussi les relations de service, au lieu d'être raides, sont-elles amicales; l'initiative du subordonné demeure entière.

Cette courtoisie du maréchal s'est malheureusement retournée contre lui. Le général Rapp, gouverneur de Dantzig, se défend, dans ses Mémoires, on ne sait trop pourquoi, d'avoir été sous les ordres du prince d'Eckmühl. L'ancien commandant des mamelucks de la garde altère ainsi la vérité. Le décret du 1er janvier 1810, qui créa l'armée d'Allemagne, sous le commandement en chef de Davout, plaça sous son autorité le gouvernement de Dantzig.

Puisqu'il est ici question des détracteurs du maréchal, disons quelques mots de l'*Histoire des deux Restaurations*. Dans cet ouvrage, Achille de Vaulabelle fait du maréchal Davout un portrait où il lui refuse toutes qualités, même celles qu'on ne lui a jamais déniées : les qualités militaires. L'historien de la Restauration a sans doute épousé le ressentiment de son père.

Tenaille de Vaulabelle, qui avait été capitaine au 3e bataillon de l'Yonne, en 1792, venait d'être nommé, en 1810, capitaine au régiment de la Méditerranée. Il s'empressa d'écrire au maréchal, pour « reconquérir l'estime » et demander « la bienveillance et les bontés d'un des plus grands hommes du siècle, » qu'il traita dédaigneusement plus tard de *ministre de Buonaparte*. Le maréchal ne lui répondit pas. « Il fallait que la faute commise par M. Tenaille-Vaulabelle, dit Mme de Blocqueville, fût bien grosse, pour lui avoir mérité un aussi long châtiment. » Vaulabelle avait quitté l'armée au lendemain de Jemmapes et s'était fait remplacer le 25 février 1793 « pour affaires de famille indispensables »; il rentrait au service en 1810.

II.

Le 2 février 1788, Davout obtint une sous-lieutenance au régiment de cavalerie Royal-Champagne, où son père avait servi[1].

---

[1] Il est de tradition dans la famille que le maréchal Davout reçut son pre-

Dès le commencement de la Révolution, le jeune sous-lieutenant en adopta les idées libérales. Les sentiments qu'il montra à Hesdin, en 1790, lui valurent d'être interné à la citadelle d'Arras ; même on le remplaça dans son emploi en 1791.

Le 22 septembre 1791, ses compatriotes l'élurent lieutenant-colonel du 3e bataillon de volontaires de l'Yonne, qui combattit à l'armée du Nord. Lors de la fuite de Dumouriez, le 4 avril 1793 au matin, Davout ordonna à son bataillon de prendre les armes, poursuivit le traître et fit tirer sur lui. Comme trophée, il ramena des chevaux qu'avaient dû abandonner les fugitifs, qu'il avait failli arrêter. L'attention des représentants du peuple se trouva appelée sur Davout par cet acte de vigueur, et à la reconstitution de l'armée du Nord, ils lui confièrent le commandement d'une demi-brigade formée du 2e bataillon du 104e régiment d'infanterie, du 3e bataillon de volontaires de l'Aube et du 3e de l'Yonne (1er mai).

Mandé le 13 juin en Vendée par les représentants Guyton et Cambon, il y conduisit un détachement conjointement avec Marceau. Davout, nommé adjudant-général chef de bataillon le 8 juillet, fut élevé au grade de général de brigade le 25 du même mois; le 30 il recevait des lettres de service pour l'armée du Nord en qualité de général de division.

Mais à cette époque la Convention avait décrété l'exclusion de l'armée des « ci-devant nobles ». Davout donna en conséquence sa démission le 29 août, dans les termes suivants :

« Le Conseil exécutif provisoire, par un arrêté pris dans le courant de juillet de cette année, m'ayant nommé général de division auprès de l'armée du Nord, je déclare que je ne puis accepter cette place, parce que j'ai été noble. Je donne, par la même raison, ma démission de la place d'adjudant-général chef de brigade, à laquelle j'avais été promu par les représentants du

---

mier cheval du roi Louis XVI. Voici ce qui a donné lieu à cette tradition. Lors de la suppression de l'Ecole militaire de Paris, au mois de février 1788, les chevaux furent distribués entre les trois écuyers d'Auvergne, Bongars et le chevalier du Tertre, et quatre élèves sortant dans la cavalerie: Montarby, Davout, Desmoutis de La Chevallerie et Souchet d'Alvymare. Ce don de chevaux est mentionné sur un état des pensions qui se payaient sur d'autres caisses que le Trésor royal, état imprimé en 1791 par ordre de l'Assemblée constituante.

peuple près l'armée des Côtes de La Rochelle, étant chef du 3ᵉ bataillon de l'Yonne, qui était à l'armée du Nord. »

Le reçu de cette démission pouvait être un ordre d'incarcération. Au contraire, le ministre de la guerre écrivit au général Davout une lettre des plus flatteuses et d'un style peu ordinaire dans la correspondance de cette époque de fièvre :

« La manière distinguée dont vous vous êtes conduit dans ce bataillon (3ᵉ de l'Yonne), le républicanisme et l'énergie que vous y avez développés contre le traître Dumouriez, qui n'a échappé que par hasard au feu que vous avez fait faire sur lui, tout nous faisait espérer que vous pouviez rendre de bons services à la patrie dans ce moment; mais vous avez pensé que l'opinion générale et le vœu des sociétés populaires, fortement prononcés pour l'exclusion des ci-devant nobles des premières fonctions militaires, ne vous permettaient pas, quant à présent, d'aspirer dans l'armée au degré de confiance nécessaire pour y être aussi utile que vous le désirez.

« Je me rends avec beaucoup de regret à la résolution que vous avez prise de vous retirer quant à présent chez vous, en applaudissant à votre projet de vous y livrer à l'étude militaire et à la pratique des vertus civiques, jusqu'à ce que le souvenir de votre origine ne soit plus un obstacle à la confiance publique, qui vous est due personnellement à juste titre. »

De retour en la maison paternelle, Davout se mit au travail. C'est à cette époque qu'il dut composer ces cahiers historiques si intéressants que Mᵐᵉ de Blocqueville a insérés dans les *Années de jeunesse*. Mais l'inactivité lui pesait. Le calme s'étant fait après Thermidor, il sollicita sa réadmission au service dans une armée active. « Si Carnot n'a point encore assuré sa destination, écrivait Turreau au général Pille, le 11 octobre 1794, dis-lui que la seule crainte de Davout serait d'être employé à une armée où il n'aurait pas une grande activité. » Deux jours après, on lui expédiait des lettres de service de général de brigade pour l'armée de la Moselle. Sur sa demande, on l'employa dans la cavalerie, et il servit au blocus de Luxembourg.

Passé à l'armée de Rhin-et-Moselle le 7 juin 1795[1], Davout

---

[1] Vers cette époque, Davout aurait été nommé une seconde fois général de division et aurait refusé.

s'empara de Manheim ; il y fut fait prisonnier lors de la reprise de la place par Wurmser. Prisonnier sur parole, il utilisa ses loisirs forcés en se livrant de nouveau à l'étude de l'histoire, principalement des auteurs militaires anciens. Rentré à l'armée, il fut employé avec Desaix à la défense de Kehl, prit une part glorieuse au combat d'Haslach. Il avait été l'un des brigadiers de la division Ambert, qu'il commanda par intérim au mois d'octobre 1795. Le conventionnel Rivaud était alors en mission à l'armée de Rhin-et-Moselle. Il écrivait au Comité de salut public, le 24 octobre 1795 : « Le général Ambert, notamment, a laissé sa division sous le commandement du général Davout, qui est, je crois, plein de zèle, mais que le général (Pichegru) ne croit pas capable de remplir ce poste. » Pichegru, en cette circonstance, fit preuve d'un manque absolu de perspicacité.

Bonaparte en jugea autrement. Dès qu'il eut Davout sous ses ordres en Égypte, il lui confia des commandements importants et des missions de confiance. Pendant qu'une partie de la cavalerie suivait Murat en Syrie, le reste était placé sous les ordres de Davout et concourait d'une façon brillante à l'expédition de Desaix dans la haute Égypte [1].

Lorsque l'on songe au caractère austère et à l'esprit calme du maréchal Davout, on a peine à croire qu'il fut un brillant général de cavalerie et qu'il mania les escadrons comme Murat. Le grand talent du général de cavalerie est d'avoir un coup d'œil sûr, de savoir saisir l'instant précis pour lancer ses cavaliers dans la mêlée. Cependant, comme Murat, Davout avait ce coup d'œil, doublé d'un grand sang-froid et du mépris du danger. Même il avait sur Murat un avantage : il n'épuisait pas les chevaux.

Davout rentra en France avec Desaix, le 6 mai 1800. Le 3 juillet, il obtenait du Premier Consul le grade de général de division et le commandement de la cavalerie de l'armée d'Italie [2]. Dès lors, le jeune général de division fut chargé de hautes fonc-

---

[1] Voir le détail de cette expédition dans la *Relation des campagnes du général Bonaparte en Egypte et en Syrie,* par le général Berthier. — Paris, an IX.

[2] A son arrivée à l'armée, le 1er août, Davout ne reçut que le commandement des dragons, chasseurs et hussards. Brune le mit à la tête de toute la cavalerie le 26 du même mois. (Ordres du jour imprimés de l'armée d'Italie.)

tions. Avancement, honneurs se succèdent : il devient inspecteur de cavalerie et commandant les grenadiers à pied de la garde des Consuls en juillet et décembre 1801, commandant en chef le camp de Bruges au mois d'août 1803, maréchal de l'Empire le 19 mai 1804, colonel-général de la garde impériale, grand-officier et chef de la 6e cohorte de la Légion d'honneur, commandant en chef du 3e corps de la Grande Armée.

Avec le 3e corps, le maréchal Davout est vainqueur à Amstetten, le 14 novembre 1805, et prend une part glorieuse à la bataille d'Austerlitz. Pendant la bataille, il reconquit les villages de Telnitz et de Sokolnitz, que Soult avait dû évacuer. La division Friant, du 3e corps, jeta les Austro-Russes dans l'étang de Telnitz, où une partie d'entre eux se noyèrent. Bernadotte, au contraire, dut être soutenu par la cavalerie de Bessières. C'est d'Austerlitz que date la jalousie[1] du futur roi de Suède contre Davout, jalousie qui eût pu avoir les plus graves conséquences à Auerstædt[2].

A Auerstædt (14 octobre 1806), Davout, avec les 25,000 hommes de son corps d'armée, força à la retraite 80,000 Prussiens, commandés par le roi de Prusse en personne, le duc de Brunswick et les feld-maréchaux Kalkreuth et Mollendorff. Ce fut cette

---

[1] M. de Chénier (*Histoire de la vie militaire, politique et administrative du maréchal Davout*, Paris, 1866, p. 171, en note), fait remonter l'inimitié de Bernadotte contre Davout aux premières années du Consulat, à « une futile particularité de société », à un dîner où le futur prince de Ponte-Corvo aurait été mystifié.

En octobre et novembre 1805, Bernadotte appelle Davout son cher Maréchal, « se félicite de son voisinage », qui lui « donnera l'occasion de renouveler souvent les assurances de sa franche et bien vive amitié. »

Le ton de la correspondance devient cérémonieux en 1808. Ce n'est plus que « Monsieur le duc », et les lettres se terminent par les salamalecs du protocole officiel.

[2] Durant la bataille d'Auerstædt, le maréchal chargea son aide-de-camp de Trobriand de se rendre auprès du prince de Ponte-Corvo, lui dire qu'il n'avait pas de réserves et demander qu'il suivît les succès du 3e corps. Bernadotte répondit seulement qu'il était là et que Davout n'eût pas peur. Malgré ses efforts, Trobriand ne put amener Bernadotte à marcher.

Les projets ambitieux de celui-ci sur le trône de France sont connus. Le futur roi de Suède s'est dévoilé en 1813. Les *Mémoires* de Metternich, t. I, p. 167, rapportent une conversation de Bernadotte et de Pozzo di Borgo après les désastres de 1813 : « La France est au plus digne, » se serait écrié Bernadotte. — « Alors, elle est à moi, » dit Pozzo.

Léon Hennet

victoire, plus que celle d'Iéna, qui anéantit la Prusse. D'Auerstædt naîtrait la prétendue jalousie de Napoléon envers Davout.

Cependant, le 16 octobre, l'Empereur félicite le maréchal sur la victoire d'Auerstædt; il lui laisse l'honneur d'entrer le premier à Berlin. Ensuite il lui confère de grands commandements : celui de l'armée du Rhin, après la dissolution de la Grande Armée, au mois d'octobre 1808; le 7 novembre 1809, celui des 2e, 3e et 4e corps de l'armée d'Allemagne, de la réserve de cavalerie et des troupes alliées; le 1er janvier 1810, celui de toute l'armée d'Allemagne. En 1812, Davout conduit en Russie le beau corps d'observation de l'Elbe, avec Friant, Gudin, Morand, pour divisionnaires. En 1813, le gouvernement de Hambourg ne fut pas un exil, ce fut une faute. C'est ainsi que Napoléon laissa Gouvion-Saint-Cyr à Dresde, Le Marois à Magdebourg, Narbonne à Torgau, Rapp à Dantzig. Depuis 1810, du reste, Davout était gouverneur général des villes hanséatiques. Comme le dit Mme de Blocqueville, « Napoléon, à l'heure de la plénitude de sa fortune et de son génie, ne commandait pas au maréchal Davout, mais le tenait au courant de ce qu'il comptait faire lui-même. »

Malgré sa modestie Davout était un trop grand caractère pour les petits hommes qui entouraient l'Empereur. Il fut desservi auprès de Napoléon, dont le maréchal n'approuvait pas tous les plans. A Paris, la bassesse fut poussée jusqu'à manquer de « soins » envers la maréchale; même on lui infligea un désagrément public. Sans hésitation, le prince d'Eckmühl met cette conduite sur le compte de la jalousie qu'on lui portait sans qu'il sût pourquoi. « Ces désagréments, écrivait-il le 27 février 1808, ne pourraient être dictés que par la jalousie et l'envie; ils me seraient honorables autant que déshonorants pour leurs auteurs. »

Dès lors, le maréchal doit lutter contre le mauvais vouloir de ses collègues, du ministre de la guerre lui-même, le général Clarke[1]. Peu habile dans sa conduite, celui-ci laissa remarquer à

---

[1] Devenu comte d'Hunebourg et duc de Feltre; maréchal de France en 1816; surnommé *le maréchal d'Encre*.

Clarke fut successivement cornette blanc des hussards, attaché au cabinet topographique du Comité de salut public de la Convention nationale, directeur du cabinet topographique et historique du Directoire, chef du cabinet militaire du Premier Consul, ministre de la guerre de l'Empereur (1807-1814)

Davout les sentiments dont il était animé à son égard. Pour ce qui le concernait lui-même, Davout « s'en moquait »; mais dans l'intérêt du service, pour que d'autres n'eussent pas à souffrir de dispositions d'esprit qui s'adressaient à sa seule personne, il crut devoir prendre le parti de s'adresser directement à l'Empereur.

III.

Les actions de Davout étaient sciemment dénaturées. Le 15 juillet 1807, le vainqueur d'Auerstædt reçut le gouvernement du grand-duché de Varsovie, réunissant les pouvoirs militaire, politique, judiciaire, administratif et civil. Il voulut constituer une Pologne forte. Au point de vue politique, la patrie de Sobieski devait devenir une puissance indépendante. L'indépendance de la Pologne lui semblait une impérieuse nécessité. Telles n'étaient pas les vues de Napoléon; Davout s'inclina.

Mais son idée de reconstituer un gouvernement de Pologne libre de toute influence étrangère, avait éveillé en sa faveur une vive sympathie. Il était devenu « l'ami des Polonais »; de plus, l'Empereur lui donna la principauté de Lowicz et le palais qu'habitaient autrefois, à Varsovie, les présidents de gouvernement durant les vacances de royauté. La fortune de Louis Bonaparte, de Joseph, de Murat, tournait alors toutes les têtes; Soult avait, dit-on, des visées sur le trône des Bragance. On accusa Davout de chercher à se faire nommer roi de Pologne.

Dans sa conduite, rien ne prêtait cependant à cette supposition calomnieuse. D'abord, il employa les revenus de la principauté de Lowicz à faire les réparations et améliorations nécessaires. Dépenses politiques que celles-là : c'était « prouver aux Polonais que l'on ne songeait pas à abandonner leur cause. » Quant au palais de Varsovie, il voulut le vendre : c'était montrer que le maréchal ne cherchait point à s'implanter en Pologne. Son but peut ainsi se résumer : stabilité du nouvel établissement politique, mais stabilité non inhérente à la personne de Davout.

---

et du roi (du 11 au 20 mars 1815, à Gand, et de septembre 1815 à septembre 1817). Il licencia l'armée en 1815 alors que l'ennemi occupait encore nos provinces.

IV.

Au mois de septembre 1808, une partie de ce qui avait été la Grande Armée suivit Napoléon en Espagne. Le reste fut divisé, par décret du 12 octobre, en deux fractions : troupes du gouvernement des villes hanséatiques et armée du Rhin. Le commandement en chef de cette armée fut confié à Davout.

Les hostilités recommencèrent avec l'Autriche au mois d'avril 1809. Sans artillerie, avec une seule division, Davout charge à la tête de ses troupes et bat l'archiduc Charles à Thann le 19 ; il remporte le 22 la victoire d'Eckmühl[1] ; commande la droite à Wagram, et le lendemain culbute à Nicolsbourg l'arrière-garde du prince de Rosenberg. Créé prince d'Eckmühl le 15 août 1809, il fut placé le 1er janvier 1810 à la tête de l'armée d'Allemagne, puis, le 1er décembre, nommé gouverneur général des villes hanséatiques.

La campagne de Russie avait été décidée. Davout prit le 1er février 1812 le commandement du 1er corps de la Grande Armée. Son quartier général fut établi à Kœnigsberg le 11 juin. Le 30, le corps de Doctorov était coupé. Borizow pris le 9 juillet ; Bagration culbuté avec 60,000 Russes à Mohilow, le 23 ; les faubourgs de Smolensk enlevés le 17 août ; l'armée russe dispersée à Kolskoï le 2 novembre : tels furent les services du prince d'Eckmühl pendant la campagne de Russie. Il commandait la gauche de l'armée à la bataille de la Moskowa (7 septembre), où il fut blessé grièvement.

Mais les haines s'étaient accumulées contre lui. Berthier et Murat en étaient les instigateurs. Napoléon, dont le génie subissait alors une sorte d'éclipse, se laissa circonvenir. Le 3 novembre 1812, Ney remplaçait Davout à l'arrière-garde : le vainqueur d'Auerstædt marchait trop lentement ! Napoléon vengeait Murat de la fameuse scène de Gumbinnen. Le roi de Naples déclarant, dit Ségur[2], « qu'il n'est plus possible de servir un

---

[1] Napoléon, alors que les troupes de Davout débouchaient sur le plateau en refoulant l'ennemi, dit à son entourage : « Voyez ce Davout comme il manœuvre ! Il va encore me gagner cette bataille-là ! »

[2] *Histoire de Napoléon et de la Grande Armée en* 1812.

insensé; qu'il n'y a plus de salut dans sa cause; que s'il avait accepté les propositions des anglais, il serait encore un grand roi, tel que l'empereur d'Autriche et le roi de Prusse », Davout lui rappela qu'il n'était roi que par la grâce de Napoléon et du sang français, et que sa fortune était rivée à celle de l'Empereur et de la France.

Mis à la tête du nouveau 1er corps de la Grande Armée le 12 mars 1813, Davout fit, le 19, sauter le pont de Dresde. « C'est un mal nécessaire, écrivait-il, et j'ai dans notre état l'énergie d'empêcher le mal qui n'est pas nécessaire et de faire celui qui l'est... C'est un des événements de ma vie qui m'ait fait le plus d'impression; mais le devoir doit avoir toujours le dessus, et, dans cette circonstance, ainsi que dans toutes les autres, je n'écoute que lui. » Ensuite, il marche sur Brème et Hambourg; force l'ennemi, le 4 avril, à évacuer la rive gauche de l'Elbe, s'empare de vive force de Harbourg, rentre à Hambourg le 30 mai, et, avec des conscrits, forme le 13e corps d'armée, dont il reçut le commandement.

L'ordre fut rétabli dans la ville. Le maréchal sut contenir une population hostile triple de la garnison française; il approvisionna la place, qui n'avait pas de vivres; assura le service de la solde ainsi que celui de l'artillerie et du génie; renforça le système de fortifications et en fit élever un nouveau; enfin, par des fourrages habilement exécutés, il conserva à la France une précieuse et superbe cavalerie.

Hambourg ne capitula point. Informé de l'abdication de l'Empereur et du rétablissement des Bourbons, Davout fit arborer la cocarde blanche le 29 avril 1814. Un mois après, les 27, 29 et 31 mai, le 13e corps, qui avait supporté un blocus d'environ six mois, quitta la place avec armes, bagages, trésor et artillerie, cette même artillerie qui devait, neuf ans plus tard, tonner en Espagne.

Le gouvernement royal ne voulut pas laisser au prince d'Eckmühl l'honneur de ramener en France les troupes qu'il avait su conserver intactes. Cette mission fut confiée au général Gérard le 2 mai, et le 10 Davout lui remettait le commandement. Cependant, il tint à marcher avec une des colonnes du 13e corps; mais en route l'ordre lui parvint de ne pas paraître à Paris. Le maréchal se retira dans sa terre de Savigny-sur-Orge.

Louis XVIII, paraît-il, avait reçu des plaintes graves sur le commandement de Hambourg. De qui émanaient ces plaintes ? D'un ancien officier anglais nommé Th. de Haupt, qui fit paraître à Paris, au mois de mai 1814, avant que Hambourg eût été remis à Beningsen, un « appel à la justice » intitulé : *Hambourg et le maréchal Davoust*. Ce libelliste était un des trente individus que le maréchal avait dû exclure de l'amnistie accordée pour l'insurrection de 1813. Le libelle, auquel l'auteur osa donner pour épigraphe : *Sine irâ et studio*, est violent, injuste, passionné, attentatoire à l'honneur d'homme et de soldat d'un maréchal de France ; et le roi ne dédaigne point cette infamie ! Il ordonne au maréchal de répondre aux attaques de l'officier anglais, qui vante la magnanimité des russes en l'opposant aux crimes prétendus de l'armée française ! Et par une ironie du sort, c'est le comte Dupont, le capitulard de Baylen, qui transmet l'ordre royal, et reproche à Davout d'avoir rendu odieux le nom français !

Le maréchal adressa au roi le mémoire justificatif qui lui était demandé[1]. Il n'eut pas de peine à prouver qu'il n'avait fait qu'exécuter avec modération les ordres reçus, et qu'il s'était conduit en militaire intègre, soucieux de son commandement et respectueux exécuteur du règlement sur la défense des places. Depuis longtemps les accusations portées contre le défenseur de Hambourg sont considérées comme sans valeur. La lumière est faite.

Le prince d'Eckmühl demeura à Savigny en une sorte d'exil. Enfin, il obtint de séjourner à Paris, à la condition de ne pas paraître à la cour. Quand la nouvelle des événements du golfe Jouan fut parvenue dans la capitale, il écrivit, le 9 mars 1814, au maréchal Soult, alors ministre de la guerre :

« Monseigneur, si de très fortes préventions, qui me tiennent dans la disgrâce du roi et que ma conduite irréprochable n'a pu effacer, et si les insinuations que Votre Excellence et le duc de Reggio m'ont faites de ne pas me présenter à la cour, mon retour à Paris en étant la condition (ces dernières expressions sont du duc de Reggio), ne me plaçaient dans une position tout-à-fait particulière, je me serais empressé, dans les circonstances

---

[1] *Mémoire de M. le maréchal Davout, prince d'Eckmühl, au roi.* — Paris, Warée, Lenormant, Dentu et Delaunay, 1814.

actuelles, d'offrir mes services au roi, et de témoigner que je n'ai et n'aurai jamais que les sentiments d'un bon Français, fidèle à l'honneur et à ses serments, et qui n'a rien tant à cœur que la tranquillité de son pays; mais ces mêmes préventions et les soupçons qu'on s'est plu à nourrir contre moi, ne m'accompagneraient-ils pas à la tête des troupes ou dans le poste qui me serait assigné?

« Si le roi en jugeait autrement, je vous prie d'être mon interprète auprès de Sa Majesté, pour l'assurer de ma fidélité et de mon ardent désir de contribuer à la tranquillité et au bonheur de la France. »

Cette lettre demeura sans réponse. Le 20 mars, à onze heures du soir, le maréchal se retrouvait aux Tuileries avec l'Empereur, qu'il n'avait pas revu depuis le mois de décembre 1812. Le portefeuille de la guerre lui fut offert; il le refusa d'abord, puis finit par l'accepter sur les pressantes instances de Napoléon.

L'attitude du maréchal devenant ministre de Napoléon après avoir offert ses services à Louis XVIII explique, lorsque l'on connaît le caractère du prince d'Eckmühl, que tant d'autres, surtout dans l'armée, aient agi comme lui. Aussi longtemps que Louis XVIII demeura à Paris, la marche triomphale de Napoléon parut un mouvement insurrectionnel. Mais lorsque le roi eut abandonné la capitale, que « l'ogre de Corse » se fut installé aux Tuileries, la situation devint tout autre. Par l'abandon que le roi avait fait de son poste et par son émigration, Davout ainsi que ses compagnons d'armes se considérèrent déliés envers ce monarque. Napoléon comme la famille royale lui semblèrent avoir obéi à la volonté populaire; en outre, Napoléon représentait l'indépendance nationale et personnifiait la haine contre l'étranger.

Après des protestations de fidélité à Louis XVIII dans les premiers jours de mars et dans les derniers à Napoléon, beaucoup d'entre eux s'empressèrent, en juillet, d'assurer Louis XVIII de leur amour, ajoutant que s'ils avaient servi « l'usurpateur » ou « M. de Buonaparte », — ils osaient employer ces expressions, — c'était par contrainte; c'était encore pour être à un moment donné plus utiles à leur « roi bien-aimé » qu'ils l'eussent été à Gand ou en demeurant paisiblement chez eux.

Voilà ce que le maréchal ne fit point, et ce qui l'honore. Au retour du roi, il resta calme, attendant les événements. Il se contenta de protester contre l'ordonnance du 24 juillet qui violait les conventions solennelles qu'il avait signées. Quoi de plus noble et de plus politique à la fois que la soumission de l'armée de la Loire? On n'osa pas l'insérer au *Moniteur*.

Aussi bien si l'on est en face d'une question historique, il faut se reporter, autant que possible, aux impressions de l'époque.

Les Bourbons étaient remontés, grâce aux alliés, sur le trône de leurs pères; en émigrant pour la seconde fois, il firent de nouveau appel à l'étranger. Dans ces conditions, le seul parti à suivre pour un cœur patriote était de servir Napoléon, qui, avons-nous dit, représentait l'indépendance nationale, personnifiait la haine de l'étranger et de son immixtion dans les affaires de la France. Ainsi pensa Carnot.

Avant l'Empereur, Davout avait toujours placé la France. Il avait été serviteur fidèle et dévoué de la dynastie impériale, parce qu'il était soldat, parce que le César faisait la patrie forte, puissante au dehors, arbitre des nations. Napoléon le disait en 1815 en prenant le chemin de l'exil : « Ah ! je croyais que Davout m'aimait, mais il n'aimait que la France ! »

V.

Arrivé au ministère, Davout se trouva en présence de difficultés considérables : soulèvements dans le Midi et dans l'Ouest; grande armée à organiser pour faire face à la fois dans le Nord, dans l'Est et sur les Alpes.

Par son infatigable activité, son labeur incessant, son énergie, le prince d'Eckmühl suffit à tout. Il pacifia d'abord le Midi. Puis, huit corps, dits *d'observation*, furent constitués, et devinrent armée du Nord, armée des Alpes, corps d'observation du Jura, etc. En outre, la défense intérieure fut organisée; les anciens militaires furent rappelés; on arma les gardes forestiers et les gardes champêtres; aux généraux commandant les départements et aux préfets furent rappelées les sévères pénalités qui châtiaient le crime d'embauchage pour l'ennemi ou les rebelles, les manœuvres tendant à affaiblir les armées, le recel des déserteurs ou leur évasion favorisée. Enfin, le 3 mai, le prince d'Eckmühl lança aux préfets, sous-préfets et maires une circulaire bien propre à exciter le patriotisme, et qui trace en même temps la ligne de conduite de chaque Français. Cette ligne de conduite que préconisait le ministre de la guerre en 1815, si on l'avait tenue en 1870! Cette circulaire est un modèle d'organisation de la défense :

« Si nous sommes obligés de reprendre les armes pour défendre notre indépendance et nos foyers, quelle cause plus juste et plus sainte dut jamais inspirer des efforts plus unanimes et plus énergiques?

« C'est la cause d'un grand peuple qui veut être libre et maître chez lui, contre une ligue passionnée qui prétend lui dicter des lois déshonorantes.

« Du succès de cette lutte dépend l'existence même de la France. La France doit déployer pour sa défense toutes les ressources que peuvent lui offrir la nature, l'art, le génie et le courage de ses habitants.

« L'Empereur est au milieu de nous; l'heureuse révolution qui nous l'a rendu a doublé nos forces, a complété nos rangs, a ranimé dans nos cœurs toutes les espérances.

« A la première violation de nos frontières, l'Empereur sera à la tête de ses bataillons victorieux, et l'ennemi reconnaîtra en nous la race des braves.

« Mais pendant qu'il combattra pour l'honneur et l'intégrité de l'empire, il doit compter sur la coopération de tous les Français.

« C'est à chaque autorité, à chaque citoyen, à seconder en tous sens, et par tous les genres de résistance partielle, le grand mouvement que son génie imprimera aux masses dont le succès devient alors infaillible et assure notre salut.

« Que chacun soit donc prêt et contribue de tous ses moyens à repousser toute atteinte à l'honneur national, toute tentative d'envahissement.

« Personne de vous n'ignore aujourd'hui que la France, loyalement défendue sur tous les points de son territoire, aurait été, en 1814, le tombeau de ses dévastateurs.

« Ils ne sont redoutables que pour ceux qui se laissent effrayer par des menaces que ne pourrait suivre, la plupart du temps, aucun moyen d'exécution.

« Si des forces plus réelles pénètrent dans quelques-uns de nos départements, que des obstacles de toute espèce se multiplient sur leur passage ; que leurs convois, leurs détachements soient détruits ou arrêtés dans leur marche ; que des correspondances actives soient entretenues partout ; que les chefs militaires reçoivent promptement les moindres avis !

« Que les habitants des campagnes disputent eux-mêmes les défilés, les bois, les marais, les gorges, les chemins creux ! Cette guerre, sans danger pour celui qui connaît les localités, honorable autant qu'utile au citoyen qui défend sa propriété, est toujours désastreuse pour l'étranger qui ne connaît ni le terrain ni la langue.

« Que le moindre bourg, qu'une maison isolée, un moulin, un enclos, deviennent par la bravoure, l'industrie, l'intelligence de leurs défenseurs, des postes capables de retarder l'ennemi !

« Que les portes, que les enceintes des villes soient réparées, que les ponts soient fortifiés et défendus !

« Que l'exemple de Tournus, de Chalon, de Saint-Jean-de-Losne, de Langres, de Compiègne, etc., etc., etc., enflamme l'émulation de toutes les cités ! que toutes soient disposées à mériter, au besoin, les mêmes éloges du souverain, la même reconnaissance de la patrie !

« Quand elle est en danger, tout magistrat est chef et capitaine, tout citoyen est soldat ; tous les Français connaissent les lois de l'honneur et du devoir ; nul ne s'exposera aux noms également flétrissants à leurs yeux, de lâche ou de traître ; et l'Empereur, après avoir dicté au dehors cette paix pour laquelle il aura combattu, n'aura à son retour que des signes d'honneur et des couronnes civiques à décerner. »

On sait quel dénouement funeste eut la campagne sur la Sambre. Après Waterloo, Napoléon rentra à Paris. Le ministre de la guerre voulait une action énergique ; il s'efforça de décider l'Empereur à rallier toutes ses forces, à faire appel à tous les Français et à tenter de nouveau la fortune des armes pour arrêter la seconde invasion. Mais Napoléon sentit que la partie était irrémédiablement perdue pour lui, et il se décida à sa seconde abdication.

Le 24 juin 1815, la Commission de gouvernement chargea le

maréchal Davout de prendre toutes les dispositions relatives à la défense de Paris. Le maréchal rassembla les troupes qui revenaient de Belgique; il les reforma, les concentra sous Paris.

« Arrivé à la barrière d'Enfer où l'armée était réunie, dit le capitaine Coignet [1], je trouvai le maréchal Davout à pied, les bras croisés, contemplant cette belle armée qui criait : « En avant ! » Lui, silencieux, ne disait mot; il se promenait le long des fortifications, sourd aux supplications de l'armée qui voulait marcher sur l'ennemi..... Le maréchal Davout ne savait quel parti prendre..... »

Voilà ce que pensait le soldat, qui voit sans connaître la cause des actes et juge d'après ses impressions. Le maréchal était bien résolu à combattre. Après y avoir poussé Napoléon, il chercha à y décider le Gouvernement provisoire. Il répondait du succès, s'il n'était pas tué dans les deux premières heures; il était tout prêt à accepter les responsabilités du chef militaire. Mais pour livrer une bataille décisive, le maréchal tenait à avoir l'appui de la Commission de gouvernement. Ce n'était pas lui qui ne savait quel parti prendre, mais celle-ci. Elle subissait l'influence néfaste des tergiversations de la Chambre des députés.

Enfin, éclairé sur les dispositions du gouvernement, qui se trouvait porté à traiter plutôt qu'à poursuivre la lutte, Davout se rendit compte que tout tendait au retour des Bourbons; il en reconnut la nécessité, l'accepta, mais le patriote eût voulu que le roi se mît à la tête des troupes et arrêtât la marche des alliés.

Il fallait en finir. Comme ministre de la guerre, comme commandant des troupes sous Paris, le prince d'Eckmühl aurait voulu sauver l'honneur des armes, et défendre et sauvegarder l'indépendance nationale. C'est cette dernière préoccupation qui le guida lorsqu'il dût déposer l'épée. Le 3 juillet au soir, une convention était signée entre le baron Bignon, le général Guilleminot et le comte de Bondy, représentants du maréchal, et les commissaires de Blücher et de Wellington. Cette convention arrêta une suspension d'armes et fixa au lendemain le départ des troupes françaises derrière la Loire.

---

[1] *Les Cahiers du capitaine Coignet* (1799-1815), publiés par Lorédan Larchey, d'après le manuscrit original. — Paris, Hachette, 1883, p. 414.

Selon les instructions expresses de Davout, l'armée française emportait armes et bagages; les blessés et les malades restaient confiés à la protection spéciale des généraux en chef alliés, sans être prisonniers de guerre; le service de la ville de Paris était fait par la garde nationale; enfin, points auxquels le maréchal avait tenu principalement, les personnes et les propriétés devaient être respectées, et nul n'avait à être recherché ou poursuivi en raison, soit des emplois occupés alors ou autrefois, soit de la conduite ou des opinions politiques.

Cette convention, ratifiée par les puissances, fut lue à la Chambre des députés le lendemain 4 juillet. On la considéra comme un service signalé rendu à la France, et un témoignage de reconnaissance nationale fut, sous forme de loi, accordé aux troupes et à leur chef.

Le 5 juillet, Davout prit le commandement de l'armée de la Loire. Il fit emballer toutes les richesses que le musée d'artillerie renfermait et ordonna de les diriger sur La Rochelle, ravissant ainsi des dépouilles qui eussent formé des trophées à l'étranger. Environ 50,000 fusils qui restaient dans les arsenaux, des pièces de canon de tout calibre, furent versés à Vincennes. Lorsque le maréchal se trouva assuré qu'aucune arme ne pouvait tomber aux mains de l'ennemi, il ordonna la marche en retraite sur la Loire.

Le mouvement commença le 6 juillet. Les premiers moments furent pénibles. La réaction royaliste excitait les vieux soldats vaincus; on parla de trahison; des propos injurieux furent lancés qui vinrent jusqu'aux oreilles du maréchal. Fouché, le fusilleur de Lyon, devenu duc d'Otrante, tour à tour et en même temps traître à l'Empereur, au roi et à la patrie, fit répandre le bruit que le prince d'Eckmühl avait reçu deux millions pour ne pas livrer bataille.

Le même jour, le quartier général s'établit à Longjumeau, à deux heures de marche de Savigny. Le maréchal se rendit chez lui et y appela les généraux Gérard, Kellermann et Haxo. Là, il exposa ses craintes que l'armée ne fût mise hors la loi, et que bientôt elle ne devînt l'objet de quelque mesure dictée par la colère. Afin de conjurer ces dangers, il proposa de s'efforcer de faire reconnaître l'armée comme une institution politique hors d'atteinte, et d'obtenir un acte qui la plaçât légalement sous la protection du droit public [1]. Cet avis fut adopté à l'unanimité, et les généraux se rendirent à Paris auprès de la Commission de gouvernement.

Mais Louis XVIII était rentré aux Tuileries. Fouché exigea une soumission pure et simple. Le maréchal Davout pensa que cette soumission était encore un moyen de présenter l'armée comme une institution politique et de faire tenir compte de ses droits. En conséquence, le 9, à Angerville, dans un conseil tenu avec les principaux chefs, il donna à ses représentants de nouveaux pouvoirs [2].

D'après ces pouvoirs, l'armée ne se soumettait que pour éviter à la patrie les malheurs de la guerre civile ; par cet acte, elle était convaincue qu'elle apportait au gouvernement une grande force contre l'étranger ou ceux qui voulaient l'anéantissement de la France et de ses libertés civiles ; enfin, l'armée était disposée à jurer fidélité au roi, mais elle demandait qu'on ne conservât aucun souvenir de ce qui s'était passé depuis le 1er mars 1815 ; qu'aucun militaire ne fût proscrit, persécuté ou recherché pour sa conduite durant les Cent-Jours ; que chacun conservât son grade actuel ; que l'armée demeurât dans l'état présent tant que l'ennemi foulerait le sol français ; que les réformes à opérer ne fussent appliquées aux individus que d'après des règles générales, et jamais en raison de leur conduite politique.

Le même jour, le chef d'état-major général de l'armée de la Loire, le comte Guilleminot, faisait part aux généraux des pourparlers de soumission. « Général, le maréchal prince d'Eckmühl a reçu des propositions par l'intermédiaire des généraux comtes Gérard, Valmy et Haxo. Vous connaissez assez son caractère pour penser qu'il n'en acceptera que d'honorables à l'armée, et vous pouvez vous en convaincre par la copie ci-jointe des pouvoirs et instructions donnés à ces généraux. Son Excellence me charge de vous représenter que le seul moyen de sous-

---

[1] Il s'agissait d'éviter l'exécution de l'article 5 de l'ordonnance du 23 mars 1815, dite de Béthune, qui licenciait l'armée tout entière.

[2] Parmi les signataires des pouvoirs figurent Vandamme, Guilleminot, Kellermann, Exelmans, Radet, Allix, Reille, Drouot, Morand, Lefebvre-Desnoëttes, c'est-à-dire des hommes de grand caractère ou des plus compromis. Ces signatures montrent, en outre, que la soumission était l'acte le plus politique et le plus patriotique qu'exigeait la situation.

traire notre malheureuse patrie au démembrement que projettent quelques gouvernements étrangers, est de se rallier franchement au gouvernement actuel; il aura ainsi une armée à présenter en contre-poids aux projets sinistres des ennemis de la France. Cette démarche, en sauvant la patrie de sa désorganisation politique, lui évite en même temps les malheurs incalculables de la guerre civile. Voyez vos généraux et vos chefs de corps ; faites-leur connaître la situation actuelle dans laquelle se trouvent la France et l'armée..... »

Mais le maréchal Gouvion-Saint-Cyr avait, le même jour, remplacé Davout au ministère de la guerre; il n'admit qu'une soumission pure et simple, sans conditions.

Des pourparlers inutiles occupèrent encore plusieurs journées. Le général Milhaud avait directement adressé son adhésion et celle de ses troupes ; le gouvernement royal s'étonnait du silence de l'armée de la Loire; il suivait d'un œil inquiet la discipline maintenue parmi les troupes et l'autorité morale du général en chef. Averti par une lettre qu'Haxo lui écrivit le 13, le maréchal, pour ne pas compromettre le reste de l'armée, se résigna. Le 14 juillet, l'adresse était rédigée et signée ; le 15, une lettre informait le ministre de la guerre que Reille partait pour se réunir à Gérard, Kellermann et Haxo, afin de présenter au roi l'adresse de soumission. Cette adresse est mentionnée au *Moniteur*, mais le texte n'y figure point. Elle est datée du quartier-général près Orléans, le 14 juillet 1815[1].

« Sire, l'armée, unanime d'intentions et d'affections, pour être amenée à une soumission pure et simple au gouvernement de Votre Majesté, n'a besoin ni de recevoir une impulsion particulière, ni de changer d'esprit ou de sentiments; il lui suffit de consulter les sentiments qui l'ont animée dans toutes les circonstances, l'esprit qui l'a guidée au milieu des événements de vingt-cinq années d'orages politiques.

---

[1] M. de Chénier l'a insérée dans l'*Histoire de la vie militaire, politique et administrative du maréchal Davout*, p. 691. Mais sa version contient des inexactitudes. Celle de M. de Mazade, *Correspondance*, etc. t. IV, p. 598, est également fautive et écourtée. Nous donnons ici la copie de l'adresse collationnée sur l'original signé du prince d'Eckmühl et des généraux de l'armée de la Loire.

« Les opinions, les actes, la conduite de chacun de ses membres, ont toujours eu pour mobile cet amour de la patrie, ardent, profond, exclusif, capable de tous les efforts et de tous les sacrifices, respectable dans ses erreurs et dans ses écarts mêmes, qui força en tout temps l'estime de l'Europe, et qui nous assure celle de la postérité.

« Les généraux, les officiers et les soldats qui entourent aujourd'hui leurs drapeaux, et qui s'y sont attachés avec plus de constance et d'amour lorsqu'ils ont été plus malheureux, ne sont pas des hommes que l'on puisse accuser de regretter des avantages particuliers.

« C'est donc à d'autres pensées, à des motifs plus grands et plus nobles qu'il faut attribuer le silence que l'armée a gardé jusqu'à ce jour.

« Depuis le moindre soldat jusqu'à l'officier du grade le plus élevé, l'armée française ne compte dans ses rangs que des citoyens, des fils, des pères de citoyens; elle est intimement liée à la Nation, elle ne saurait séparer sa cause de celle du peuple français; elle adopte avec lui, elle adopte sincèrement le gouvernement de Votre Majesté; il fera le bonheur de la France, par l'oubli généreux et absolu de tout le passé, en effaçant la trace de toutes les haines et de toutes les dissensions, en respectant les droits de tous.

« Convaincue de ces vérités, pleine de respect et de confiance dans les sentiments manifestés par Votre Majesté, l'armée lui jure avec une soumission entière, une fidélité à toute épreuve. Elle versera son sang pour tenir les serments qu'elle prononce solennellement aujourd'hui, pour défendre le roi et la France. »

Restait à faire accepter la cocarde blanche. M. de Chénier et Mme de Blocqueville racontent à ce sujet une scène fort dramatique; malheureusement elle est contredite par les documents et par les dates.

Dès le *8* juillet le maréchal était informé, par une lettre du général Haxo, que Louis XVIII ne voulait pas renoncer à la cocarde blanche. Il savait que l'adhésion de l'armée entraînait le bannissement des trois couleurs. Il le savait si pertinemment que, par ordre du jour du *16* juillet, il demandait à ses troupes de compléter la soumission des généraux et des officiers par l'obéissance des soldats. « Arborez le drapeau et la cocarde blanche. Je vous demande, je le sais, un grand sacrifice; nous tenons tous à ces couleurs depuis vingt-cinq ans; mais ce sacrifice, l'intérêt de notre patrie vous le commande. Je suis incapable, Soldats, de vous donner un ordre qui ne serait pas basé sur ces sentiments ou qui serait étranger à l'honneur. » Ainsi donc, si l'ordre de substituer le blanc, qui ne représentait rien, aux couleurs d'Auerstædt et d'Eckmühl, lui parvint le 17, le maréchal avait pris les devants. Toute la scène disparaît : bris d'épée, rassemblement des troupes, émotion et colère qui empêchent de parler, hésitation de quelques jours à exécuter les ordres reçus.

Cette scène est belle assurément, mais le maréchal avait réfléchi aux conséquences de l'acte en demandant à l'armée de se soumettre; il était prêt à accepter ces conséquences et à les faire accepter. Pour lui, du reste, la guerre ne laissait pas d'être latente; il agissait, il donnait des ordres comme à la veille d'un combat; il demande à ses soldats de défendre la malheureuse patrie au nom de Louis XVIII, comme l'année précédente il avait défendu Hambourg dans les derniers moments du siège. L'étranger, avide et arrogant, était là sur les bords de la Loire. La cause était sainte : qu'importait le drapeau sous lequel on devait combattre! Et, par sa soumission, l'armée avait adhéré non au gouvernement de son choix, mais à celui que les événements rendaient inévitable, que la nation avait adopté. « On sert son pays quel que soit le gouvernement qu'on ait, et une armée ne peut être délibérante[1]. »

VI.

Ici commence le calvaire du prince d'Eckmühl. Alors que Louis XVIII s'appuyait sur la convention solennelle du 3 juillet pour faire respecter les monuments publics et les richesses nationales, il la violait par l'ordonnance de proscription du 24 juillet, rendue sur le rapport de Fouché, que l'on trouve tou-

---

[1] Ordre du jour du 16 juillet 1815.

jours associé, du reste, à une vilaine action. Dès qu'il eut connaissance de l'acte royal, Davout écrivit au ministre de la guerre (27 juillet). Il se plaignit de voir ainsi méprisées les assurances formelles qui avaient été données à Gérard et Haxo pour obtenir une soumission pure et simple; il demandait ensuite que son nom remplaçât ceux de Gilly, Grouchy, Clauzel, Delaborde, Allix, Marbot, attendu que ces généraux n'avaient agi qu'en vertu de ses ordres; il s'étonnait que la pacification de la Vendée servît à accuser Lamarque. Drouot figurait parmi les proscrits.

En terminant, le maréchal donnait sa démission de général en chef; il réclamait, dans l'intérêt du roi et de la patrie, la faveur que tout l'effet de la proscription pesât sur lui, et sommait Gouvion-Saint-Cyr, « sous sa responsabilité aux yeux du roi et de toute la France », de donner lecture de sa lettre à Louis XVIII. Satisfaction lui fut accordée, en ce qui concernait la remise de la lettre; mais le monarque ne voulut pas opérer la substitution de noms. Seule la démission fut acceptée, et Macdonald prenait, le 1er août, le commandement de l'armée de la Loire. Le maréchal Davout se retira à Savigny.

Survint le procès du maréchal Ney. Le ministre de la guerre des Cent-Jours fut cité comme témoin et appelé à déposer devant la Chambre des pairs, le 5 décembre 1815. Berryer demanda au maréchal si, selon lui, le prince de la Moskowa ne se trouvait pas couvert par la convention du 3 juillet. Davout répondit qu'il n'avait signé cette convention que parce que la condition y était insérée qu'il ne serait fait contre personne des poursuites à l'occasion des actes accomplis depuis le 1er mars. « J'ai donné nominativement au général Guilleminot l'ordre de rompre les négociations, si les articles qui étaient en faveur de la ville de Paris, de ses habitants et des autorités civiles et militaires, étaient rejetés... J'avais sous mes ordres une belle armée... J'avais une excellente infanterie, de la cavalerie, quatre à cinq cents bouches à feu. J'avais pour moi toutes les espérances qu'un général en chef doit avoir quand il donne une bataille. Si les conditions auxquelles je tenais essentiellement avaient été repoussées, je passais la Seine dans la nuit du 3 au 4 juillet... et j'attaquais l'armée prussienne... »

Cette déposition ne sauva pas l'illustre Ney, mais elle ouvrit à Davout les portes de l'exil. M. Challe, ancien maire d'Auxerre et président de la Société scientifique de cette ville, décédé récemment, venait de faire la campagne des Cent-Jours. Le soir du 5 décembre, il se promenait avec un de ses amis dans les galeries du Palais-Royal. Irrité d'entendre reprocher au maréchal sa déposition, il se mit à chanter à haute voix la belle ode :

> *Justum ac tenacem propositi virum...*
> *Si fractus illabatur orbis,*
> *Impavidum ferient ruinæ.*

Cet exemple se propagea ; la manifestation continua les jours suivants. Le gouvernement s'émut. Le 27 décembre, le prince d'Eckmühl était exilé à Louviers ; le 6 janvier, on lui supprimait tous traitements, et le même jour le duc de Feltre, ministre de la guerre, prévenait le comte Decazes que le maréchal était placé *sous la surveillance de la police*.

L'exil du maréchal Davout prit fin avec l'année 1816. Le 13 mars 1817, il demanda à Louis XVIII de prêter serment et de recevoir le nouveau bâton de maréchal : « Votre Majesté a solennellement proclamé l'intention d'effacer les tristes souvenirs du passé, et de rallier autour du trône ceux qui, sur tant de champs de bataille, ont concouru à la gloire militaire de la France. C'est parce que mon nom a quelquefois aussi été mêlé, par l'estime de mes compagnons, à cette noble association de gloire, que j'ose exprimer à Votre Majesté le désir de partager un honneur qu'Elle a accordé aux autres maréchaux... Mon caractère connu et mon zèle même à remplir des engagements qui ont cessé pour jamais, sont la plus sûre garantie que je puisse offrir à Votre Majesté de ma fidélité, dès que ma parole a été donnée et que l'honneur en répond... » Le 27 août 1817, le maréchal prêta serment au roi et reçut le bâton fleurdelisé.

VII.

En même temps que beaucoup de maréchaux et de généraux de l'Empire, Davout fut appelé, le 5 mars 1819, à siéger à la Chambre des pairs. Souvent il y prit la parole, soit dans les bureaux, soit à la tribune, chaque fois surtout qu'il s'agissait de soutenir la cause de la liberté. Ainsi, il prit part aux discussions sur la presse, sur la liberté individuelle, sur la pairie, et fit adopter ses vues. Les questions budgétaires l'intéressaient également.

Malheureusement une maladie de poitrine attaqua cette constitution qui paraissait si vigoureuse. Le 1ᵉʳ juin 1823, le maréchal mourait à Paris, rue Saint-Dominique, en l'hôtel d'Eckmühl.

Il avait demandé à être enterré modestement. Son désir ne put être réalisé ; beaucoup de ses compagnons de gloire tinrent à le suivre jusqu'à sa dernière demeure. On craignit une manifestation des invalides. Le gouverneur de l'Hôtel les avait consignés la veille ; il avait fait fermer les portes. Peine inutile, une soixantaine d'anciens soldats de Davout parvinrent à escalader les grilles et se joignirent au convoi. Ce témoignage d'affection et de souvenir fut puni de l'expulsion de ces braves. La maréchale sollicita leur grâce ; on n'osa pas la lui refuser.

A l'église, où il était bon alors de se montrer, les satellites du nouveau régime affluèrent ; mais au cimetière, le nombre de ceux qui ne reniaient point le passé s'était grandement amoindri. Le général Foy, considérant les rares dignitaires venus jusqu'au Père-Lachaise, s'écria : « Nous sommes ici comme sur un champ de bataille, où chacun enterre ses morts ! »

Les bassesses de ses ennemis poursuivirent le prince d'Eckmühl jusque dans la tombe. Le 28 août 1823, la maréchale sollicitait sa pension de veuve. Elle ne lui fut accordée qu'à dater du 1ᵉʳ octobre 1829. Ce n'était pas la pension elle-même que la maréchale réclamait : « Le véritable objet de ma demande, c'est un témoignage éclatant rendu par le roi, au nom de la patrie, du mérite des services d'un maréchal de France, c'est la récompense de la renommée qu'il s'est faite et de son noble désintéressement. Cette récompense le suit ainsi au delà du tombeau, en se réfléchissant sur sa famille dans la personne de sa veuve ; à ce titre il est de mon devoir de la solliciter. »

L'enseignement qui découle de la vie du maréchal Davout, c'est que cet homme illustre a eu pour règle de conduite deux principes primordiaux : le devoir et l'honneur. Le respect de ces principes l'a amené à un haut degré d'illustration comme guerrier, comme patriote, et en a fait « un homme qui fait honneur à l'homme », suivant l'expression de Bossuet à l'égard de Turenne.

Alors que l'on secoue la poussière des archives pour en tirer de prétendus colosses qui s'effondrent sous le souffle, c'est un devoir de rappeler une noble vie injustement méconnue, de mettre en pleine lumière ce patriote, ce héros de tant de combats, qui apporta aux armes françaises une gloire sans tache et ne vécut que pour la patrie.

Paris.—Imprimerie L. BAUDOIN et C⁰, rue Christine, 2.

www.ingramcontent.com/pod-product-compliance
Lightning Source LLC
Chambersburg PA
CBHW060504050426
42451CB00009B/805